# BAC DE FRANÇAIS
2023

SHAKESPEARE

# Othello

*Fiche de lecture*

© Bac de français.

1 rue Honoré - 93500 Pantin.

ISBN 978-2-38509-136-1

Dépôt légal : Novembre 2022

*Impression Books on Demand GmbH*

*In de Tarpen 42*

*22848 Norderstedt, Allemagne*

# SOMMAIRE

- Biographie de Shakespeare.......................................... 9

- Présentation de *Othello*............................................... 15

- Résumé de la pièce...................................................... 19

- Les raisons du succès.................................................. 27

- Les thèmes principaux................................................. 33

- Étude du mouvement littéraire................................... 41

- Dans la même collection.............................................. 45

# BIOGRAPHIE DE SHAKESPEARE

William Shakespeare est un écrivain anglais né à Stratford-upon-Avon en 1564. Fils d'une mère issue d'une vieille famille de propriétaires terriens, et d'un commerçant aisé qui connaît des revers de fortune, Shakespeare fait ses études à l'excellente *Grammar School* de Stratford, puis selon certaines sources, aurait suivi un ou deux semestres à l'Université d'Oxford. À dix-huit ans, en 1582, le jeune homme épouse Anne Hathaway qui lui donne une fille en 1583 du nom de Susanna, puis deux jumeaux, Judith et Hammet (ce dernier meurt en 1596).

Nous possédons peu d'indications sur l'endroit et la façon dont vit le dramaturge avant 1592. Il est fort probable qu'il ait été maître d'école pour gagner sa vie, et qu'il ait écrit ses premières pièces, car il possède déjà une certaine renommée en tant qu'acteur et dramaturge lorsqu'il se trouve à Londres en 1592. L'écrivain Robert Green parle de lui comme d'un acteur plein de talent et d'un auteur très aimé du public.

À partir de 1594, date à laquelle il fait l'acquisition d'une résidence à Londres appelée New Place, débute sa grande période de production. Il dédie deux poèmes au comte de Southampton, Henry Wriothesley : *Vénus et Adonis* (1593-1594) et *Le Viol de Lucrèce* (1594), ainsi que la majeure partie des *Sonnets* (écrits probablement entre 1593 et 1597, mais publiés seulement en 1609).

1591 apparaît comme la première date marquante dans sa carrière dramatique, avec les trois parties d'*Henry VI*. Outre la pièce historique alors en vogue, Shakespeare propose une œuvre variée avec une comédie (*La Comédie des erreurs*, 1592), et un drame sombre (*Titus Andronicus*, publié anonymement en 1594). Entre 1592 et 1594, il est possible que Shakespeare ait séjourné en Italie, car nombre de ses pièces abondent de détails précis et véridiques concernant la topographie du pays.

La protection du comte de Southampton permet à Shakespeare de devenir actionnaire de la compagnie du Lord

Chambellan qui, sous Jacques 1er, s'intitule *King's Men* (serviteurs du roi). C'est pour cette compagnie que Shakespeare écrit des drames historiques : *Henry IV*, *Henry V*, *Richard II*, *Richard III* et, plus tard, *Henry VIII*. Il compose au moins 6 600 sonnets, dont la tonalité pathétique permet au public de découvrir un autre aspect de cet auteur de drames à succès. En 1596, à la mort de son fils Hammet, Shakespeare revient dans sa ville natale. L'année suivante, il achète une propriété à Stratford, tout en continuant de résider à Londres.

Les années 1599-1601 coïncident avec une période d'incertitude dans la production de Shakespeare. Il se contente de publier trois comédies : *Beaucoup de bruit pour rien*, *La Nuit des rois* et *Comme il vous plaira*. Puis, il écrit *Roméo et Juliette* et *Jules César*, mais ce n'est qu'avec *Hamlet* (1601), sa nouvelle tragédie, qu'il laisse transparaître toute l'ampleur de son talent.

Les pièces que Shakespeare compose par la suite, vers 1603, montrent qu'il est en proie à un grand trouble. C'est l'époque des pièces amères – période qui correspond aux désillusions politiques marquant la fin du règne d'Elizabeth et le début du règne de Jacques 1er – avec *Troïlus et Cressida*, *Tout est bien qui finit bien*, *Mesure pour mesure*. Cependant, plus aucune trace d'ironie et de dégoût n'apparaît dans les trois grandes tragédies qui suivent : *Othello*, *Le Roi Lear* et *Macbeth*, dans lesquels il étudie les passions humaines.

Par la suite, les pièces semblent correspondre à une vision plus tranquille et plus tolérante chez ce poète vieillissant, notamment avec la rédaction de *Périclès* (1608), *Le Conte d'hiver* (1610), *La Tempête* (1611) et *Henri VIII* (1612). L'auteur s'installe définitivement à Stratford aux environs de 1610, où il vit paisiblement les dernières années de sa vie. Ses œuvres complètes ne sont publiées qu'en 1623, sept ans après sa mort, parmi lesquelles on peut mentionner *Le Marchand de Venise*, *La Mégère apprivoisée*, *Les*

*Deux gentilshommes de Vérone* ou encore *Cymbelinne*. Le Théâtre de Shakespeare, écrit sans souci de la postérité, lu et joué à toutes les générations, survit à son auteur et fait désormais partie du patrimoine de l'humanité.

# PRÉSENTATION DE OTHELLO

*Othello*, ou *Le Maure de Venise*, est une tragédie en cinq actes composée par Shakespeare, jouée pour la première fois en 1604 et publiée de façon posthume. Comme souvent, l'auteur trouve sa source dans une nouvelle italienne : il s'agit cette fois de l'*Hecatomithi* (ou *Ecatommiti*) de Giraldi Cinthio, parue en 1565.

Othello, général maure au service de Venise, épouse Desdémone, la fille du sénateur Barbantio. Il se rend à Chypre, accompagné par sa femme et ses officiers, pour combattre les Turcs. Mais une violente tempête détruit la flotte ottomane, et la guerre n'a pas lieu. Cependant Iago, l'un des officiers perfides d'Othello, cherche à inspirer de la jalousie à son maître envers qui il nourrit une haine profonde. Aidé par le hasard et récoltant des preuves fallacieuses, il lui fait croire que Desdémone a pour amant l'honnête Cassio, un autre de ses officiers. Fou de jalousie, le noble Othello se transforme en un monstre cruel et étouffe dans son lit l'innocente Desdémone.

Dans ce drame intérieur, considéré comme l'un des chefs-d'œuvre de Shakespeare, l'auteur montre, avec une grande puissance poétique et des personnages peints avec profondeur et vérité, les ravages que peut entraîner la passion dans le cœur humain. Jamais la jalousie n'a été mieux étudiée que celle d'Othello et la pièce, lue et jouée à toutes les générations, est un véritable succès.

# RÉSUMÉ DE LA PIÈCE

# ACTE PREMIER

## SCÈNE PREMIÈRE

À Venise, Iago, enseigne d'Othello, et Roderigo, noble vénitien amoureux malheureux de Desdémone, se rendent chez le sénateur Barbantio, père de Désdémone, pour lui révéler la fuite de sa fille avec le Maure Othello, qu'ils cherchent à discréditer. Iago, furieux de rester l'enseigne d'Othello alors que Michel Cassio devient son lieutenant, prévoit en effet de se venger du Maure, et conduit Barbantio auprès de lui.

## SCÈNE II

Barbantio intime à ses gardes l'ordre de conduire Othello en prison, mais le doge de Venise réclame le Maure en comparution immédiate pour des affaires d'État.

## SCÈNE III

Alors qu'une flotte turque se dirige vers Chypre, le doge veut envoyer sur-le-champ Othello se battre contre les Ottomans. Dans la salle du conseil, Barbantio accuse Othello d'avoir séduit sa fille à l'aide de quelques philtres enchantés, mais le Maure, aidé par Desdémone, convainc le sénateur de leur amour profond et sincère. Barbantio accepte leur union à contrecœur, et le Maure se rend à Chypre, accompagné de sa femme et de ses officiers. Toujours décidé à se venger d'Othello, Iago conçoit un plan diabolique : faire croire au Maure que sa femme le trompe avec Cassio, qu'il veut destituer de ses fonctions.

# ACTE II

## SCÈNE PREMIÈRE

Une violente tempête fait sombrer la flotte ottomane. En revanche le Maure, sa femme et ses officiers débarquent à Chypre sains et saufs, où ils sont reçus chaleureusement. La guerre est finie. Iago, cependant, décide de mettre son plan à exécution.

## SCÈNE II

La foule célèbre la destruction de la flotte ottomane et les noces d'Othello.

## SCÈNE III

Iago se charge de faire boire Cassio pour le rendre irritable et querelleur, et convainc Roderigo de le provoquer. Ivre, Cassio blesse Montano, le gouverneur de Chypre, et le Maure est obligé de le destituer. Feignant la compassion et la sympathie, Iago conseille à Cassio de supplier Desdémone d'intercéder pour lui. Cette manœuvre permettra à l'enseigne de faire croire au Maure de façon insidieuse que la jeune fille ne réclame Cassio que par désir charnel.

# ACTE III

## SCÈNE PREMIÈRE

Sur les conseils d'Iago, Cassio demande à s'entretenir avec Desdémone.

SCÈNE II - SCÈNE III

Desdémone promet à Cassio de plaider sa cause auprès de son mari, et lui garantit de récupérer sa place d'officier. Iago, cependant, met en garde le général : il fait part de ses « soupçons » sur l'honnêteté de Cassio, et provoque le trouble dans son esprit. Dès lors, Othello observe attentivement sa femme, et voit dans son insistance à réclamer le retour de Cassio une preuve de sa trahison. Par ailleurs, Iago récupère le mouchoir qu'Othello avait offert à sa femme, et se charge de le faire trouver par Cassio. Cet indice achève de persuader le Maure, qui demande à Iago d'assassiner le traître.

SCÈNE IV

Feignant l'ignorance, Othello demande à sa femme de lui prêter son mouchoir. Celle-ci ne peut évidemment pas le lui remettre, et continue d'intercéder en faveur de Cassio.

# ACTE IV

SCÈNE PREMIÈRE

Iago propose au Maure d'observer en cachette son entrevue avec Cassio, qu'il amènera à répéter toute l'histoire. En réalité, il prévoit de le questionner au sujet de sa maîtresse, Bianca, et de tromper ainsi Othello sur le véritable contenu de la conversation. Persuadé qu'ils parlent de Desdémone, le général, animé par la fureur et la jalousie, réclame encore une fois la mort de Cassio et prévoit d'étrangler sa femme dans son lit.

## SCÈNE II

Othello inonde sa femme de reproches et la traite de putain. Pendant ce temps Roderigo, éperdument amoureux de Desdémone, commence à se méfier d'Iago qui lui promet depuis le début la conquête de la jeune femme. Iago le convainc qu'il continue d'agir dans son intérêt : pour posséder Désdémone, il lui faut se débarrasser de Cassio.

## SCÈNE III

Othello ordonne à sa femme de se mettre au lit et de l'attendre. Celle-ci semble pressentir son funeste destin.

# ACTE V

## SCÈNE PREMIÈRE

Devant la maison de Bianca, Roderigo attend Cassio pour lui porter le coup fatal. Cependant les choses ne se passent pas comme prévu : Cassio dégaine rapidement son épée et blesse Roderigo. Iago se charge alors de frapper Cassio à la jambe sans se faire identifier par sa victime, puis s'enfuit. Lorsqu'il revient, jouant la surprise, il doit poignarder Roderigo, l'assassin présumé, et faire semblant de s'inquiéter pour la blessure de Cassio, qu'il lui a lui-même infligé. En entendant la plainte de Cassio, Othello croit que son ennemi est mort ; il part rejoindre sa femme endormie.

## SCÈNE II

Malgré les supplications de Desdémone, qui crie son innocence jusqu'au bout, Othello l'étouffe après l'avoir couverte de baisers. Emilia, la femme d'Iago, pénètre à ce moment dans la chambre à coucher et comprend toute l'horrible vérité. Elle révèle la trahison de son mari Iago, lequel la frappe mortellement de son épée avant de se sauver. Effondré, Othello implore le pardon de Cassio, se poignarde et s'effondre sur le corps de sa femme.

# LES RAISONS
DU SUCCÈS

La première représentation d'*Othello*, en 1604, se situe aux confins de deux siècles, à l'heure où s'éteint la Renaissance. Elle correspond à une période de désillusions politiques marquant la fin du règne d'Élizabeth et le début du règne de Jacques 1er.

Avant la fin du XVIe siècle, il n'existe pas encore d'édifices spécialement destinés à la représentation théâtrale. C'est sous le règne d'Élisabeth 1ère - période marquée par un essor culturel et artistique - que se construisent les premiers théâtres. En 1599, le célèbre Théâtre du Globe, actuellement le « Shakespeare's Globe Theatre », ouvre ses portes à Londres, au sud de la Tamise. L'apparition de théâtres permanents incite à la création d'un grand nombre d'œuvres nouvelles, et des auteurs comme Ben Jonson (*Volpone*), Thomas Kyd (*La Tragédie espagnole*), et surtout Christopher Marlowe (*Docteur Faust*), rédigent des pièces à succès où l'on découvre un nouveau théâtre à la fois épique, dynamique et vivant. Le théâtre est ainsi une grande réussite de l'ère élisabéthaine. Mais c'est avec Shakespeare que cette période s'affirme comme étant l'âge d'or de la littérature anglaise.

L'œuvre théâtrale de la première génération des auteurs élisabéthains atteint son apogée avec Shakespeare, qui adopte une esthétique très libre, ainsi qu'un goût prononcé pour la violence. Alors que le dramaturge entre dans sa « période sombre », pendant laquelle se manifeste toute l'ampleur de son talent, la pièce d'*Othello* revêt une dimension cruelle, sanglante. Le public essentiellement composé de bourgeois et d'étudiants, en rupture avec les idéologies religieuses et refusant les règles conventionnelles, étaient particulièrement réceptifs aux nouvelles thématiques incluant la violence, le crime, le conflit. Le sujet d'*Othello* est donc naturellement un succès, puisque l'auteur y montre les ravages que peut produire la passion dans le cœur humain : l'âme d'Othello, à l'origine pure et inoffensive, est contaminée, possédée par le diable ; fou de jalousie, le Maure étouffe dans son lit l'innocente Desdémone. À travers une figure unique, celle d'Othello, se manifeste ainsi la nature et l'intensité du tragique de Shakespeare, à savoir le Mal. Selon B. Harris, « nulle autre pièce ne possède autant qu'Othello ce pouvoir de dire une action criminelle, et d'évoquer à partir d'elle la totale image de cette faute originelle qui hante la légende humaine ».

Voulant plaire avant tout, Shakespeare ne s'embarrasse de règles d'aucune sorte (les unités de temps, de lieu et d'action qu'observent déjà certains auteurs ne l'intéressent pas - on passe notamment de Venise à Chypre) ; il propose un monde qui reflète l'époque élisabéthaine et correspond aux attentes du public. En outre, la puissance poétique et la profondeur des personnages séduisent des spectateurs de tous temps, d'autant que la jalousie n'est jamais mieux étudiée que celle du Maure de Venise.

Cette pièce, l'un des chefs-d'œuvre de Shakespeare, est lue et jouée régulièrement jusqu'à nos jours. En 1729, Ducis en donne une adaptation « classique » française : cet Othello, pour ne pas choquer l'œil du public, n'est plus noir mais simplement un peu basané ; la violence et la passion sont atténuées par un dialogue ampoulé ; Desdémone n'est plus étouffée par les mains d'un barbare assoiffé de sang, mais percée avec un noble poignard ; même les noms, jugés trop grossiers, ont été renouvelés (Desdémone devient Hédelmone, Iago devient Pezare). En 1829, Alfred de Vigny propose la première représentation française à peu près fidèle au texte de Shakespeare : elle n'obtient pas le même succès que celle de Ducis, mais ouvre la voie au théâtre romantique. La tragédie de Shakespeare inspire nombre d'auteurs - Voltaire emprunte certaines situations d'Othello dans Zaïre -, des peintres anglais, italiens, portugais, français - notamment Delacroix, avec *Desdémone au pied de son père*, ou *Othello et Desdémone*.

# LES THÈMES PRINCIPAUX

La pièce de Shakespeare, drame psychologique uniquement puisque la guerre ottomane n'a pas lieu, se construit entièrement sur le thème de la jalousie. On assiste à la naissance de la jalousie dans le cœur d'un homme, sa progression constante, et ses terribles conséquences lorsqu'elle atteint son paroxysme.

L'intérêt de la pièce est d'autant plus grand qu'à l'origine, Othello n'a en lui aucune trace de jalousie, sa confiance en Desdémone est absolue. Celle-ci dit de son mari qu'il a « l'esprit élevé et exempt des bassesses qu'on trouve chez les êtres jaloux ». Il est noble, généreux, et son rôle de général montre son caractère chevaleresque, calme et serein. Lorsque Barbantio, père de Desdémone, l'attaque avec ses hommes armés, il dit tranquillement : « Rengainez vos luisantes épées, l'humide nuit les rouillerait. » Ses propos posés, modérés, prouvent qu'il est un être réfléchi, maître de soi, exempt de toute violence. Il a, en outre, une âme de poète, comme en témoignent ses discours tout au long de la pièce, au moment notamment où il justifie son amour profond pour Desdémone devant le Sénat, ou lorsqu'il dit adieu à la guerre ; ou encore lorsqu'il prononce ses dernières paroles à Ludovico devant le corps inanimé de son épouse. Comment, dès lors, cet homme peut-il se transformer en une bête assoiffée de sang ? Comment la jalousie s'éveille-t-elle dans son cœur ? C'est là le nœud de la pièce. Près d'Othello, Shakespeare place Iago, l'ami perfide qui assombrit l'âme de son maître, nourrit sa jalousie.

Voici comment, en peu de mots, Iago parvient à définir l'âme noble et candide d'Othello : « Il croit honnêtes ceux qui seulement le semblent. Il se laissera mener aussi doucement par le nez qu'un baudet. » À l'origine peu disposé à croire à l'existence du mal chez les autres, Othello se refuse d'abord à envisager l'infidélité de sa femme, tant il a confiance en elle. Mais finalement, le Maure se laisse facilement convaincre par l'enseigne - ce scélérat qu'il considère comme un être droit et loyal. C'est avec une rapidité vertigineuse qu'Othello passe de la confiance aveugle à une jalousie meurtrière. Terrible prophétie de mort, donc, quand le père de Desdémone lance à Othello : « Surveille là, Maure, si tu as des yeux pour voir. Elle a trompé son père, elle peut bien te tromper. »

La jalousie, chez Shakespeare, apparaît tout d'abord sous la forme du doute. Un doute obsédant, irrationnel, corrupteur, dévastateur au point d'insérer dans un cœur pur et candide un terrible désir de vengeance. Iago, qui nourrit une haine profonde pour Othello alors que celui-ci lui accorde sa pleine confiance, met tout en œuvre pour faire naître ce doute dans l'esprit du Maure, quant à l'infidélité de Desdémone. Il l'endoctrine avec des hypothèses, des suppositions. « Ha, je n'aime pas cela », dit-il pour éveiller les premiers soupçons de son maître. Et la ruse opère : « Tu as une arrière-pensée ! Je viens à l'instant de t'entendre dire que tu n'aimais pas cela ; c'était quand Cassio a quitté ma femme », déclare Othello. Ces habiles manœuvres ont tout lieu d'effrayer le Maure, jeter le trouble dans son âme, distiller le venin de ses premiers soupçons. Puis soudain, Iago lui crie, par une allusion plus directe, de se méfier de la jalousie, ce « monstre aux yeux verts qui produit l'aliment dont il se nourrit ». Et voilà comment Iago éveille cette terrible pensée dans l'esprit d'Othello, voilà comment il excite la passion qui va dévorer tout son être.

Othello, dès lors rongé par un doute affreux et immaîtrisable, remet en question son mariage (« Pourquoi me suis-je marié ? »), ou se demande si la noirceur de sa peau est une cause de l'infidélité de son épouse. Par la seule force du doute, il voit déjà l'offense et préfère être « un crapaud et vivre des vapeurs d'un cachot que de laisser un coin dans l'être qu ['il] aime à l'usage d'autrui ! » Lorsque Desdémone intercède en faveur de Cassio avec une obstination naïve, Othello hésite. Il est inquiet, mais il accepte dans un premier temps la demande de sa femme, car il l'aime. Cependant le Maure ne peut lutter contre les premiers soupçons, et les mots qu'il prononce juste après nous montre toute l'ampleur du trouble de son âme : « Pauvre enfant !... que la damnation saisissent mon âme, s'il est vrai que je t'aime ». La jalousie se répand comme un poison dans ses veines, et lorsqu'il réclame une « preuve », le venin a déjà pénétré.

Shakespeare exprime la nature de la jalousie dans ces quelques mots prononcés par Iago : « Des bagatelles, légères comme l'air, font aux yeux du jaloux des autorités aussi fortes que les preuves des livres sacrés. » Le doute, une fois éveillé dans l'esprit du Maure, grossit chaque élément qui tend à la conviction de la réalité qu'il redoute, à savoir l'adultère. C'est ainsi que les preuves fallacieuses qu'Iago parvient à fournir à son maître achèvent de convaincre celui-ci quant à l'infidélité de sa femme. Son entrevue avec Cassio qu'il propose au Maure d'observer en cachette, l'insistance de Desdémone à réclamer le retour du lieutenant, et surtout le fameux mouchoir qu'Iago a soin de faire retrouver dans les mains du malheureux sont autant d'indices trop obscurs, de circonstances trop légères pour persuader quiconque n'a pas déjà l'âme disposée aux premiers transports de la jalousie. Othello ne peut plus lutter contre ce qui lui paraît l'évidence : il est convaincu de la trahison de sa femme, et la rage s'empare de lui. « Viens, noire vengeance, sors de ta sombre caverne…Cède, ô amour, ta couronne et le trône du cœur à la haine tyrannique ! » Malgré les propos qu'Othello tenait quelque temps plus tôt – « Après le doute, la preuve ! Et après la preuve, mon parti est pris : adieu à la fois l'amour et la jalousie ! » -, celui-ci aime encore Desdémone, et le voilà animé d'une terrible jalousie, telle que Iago l'avait prévue : la fureur du Maure l'aveugle totalement et le plonge définitivement dans le délire.

Après l'apparition du doute, la jalousie se définit comme un irrémédiable aveuglement, nettement perceptible lors de la confrontation des époux : malgré les protestations de Desdémone, qui crie son honnêteté face aux accusations de son mari, celui-ci ne peut plus croire à son innocence. « N'es-tu pas cela, une catin ? », dit-il avant de feindre ironiquement de s'être trompé d'interlocutrice : « Alors je vous supplie de me pardonner. Je vous prenais pour cette rusée pute de Venise qui épousa Othello », montrant ainsi qu'il doute moins de l'infidélité de sa femme que de son identité. Le discours du jaloux, ponctué par de nombreuses évocations d'éléments naturels (la « lune », le « vent », le « ciel »), fait de cet adultère un crime concernant l'univers tout entier. La rage et l'aveuglement d'Othello sont tels que celui-ci se transforme, sous nos yeux, en un véritable monstre. L'âme noble et généreuse, l'esprit chevaleresque, calme et serein disparaissent. Il ne reste plus que le barbare animé par un terrible désir de vengeance : se faisant à la fois juge et bourreau, il réclame la mort de Cassio et prévoit d'étrangler son épouse.

Plus la pièce avance, plus Othello s'oriente vers ce sentiment destructeur qu'est la jalousie, et le paroxysme est atteint au moment où il tue Desdémone. Cependant dans l'âme du Maure se livre jusqu'au bout un terrible combat entre l'amour et la jalousie. La fureur exaltée du jaloux se mêle à une profonde tristesse qui révèle toute l'étendue de ses souffrances : « Cette douleur là tient du Ciel, elle châtie qui elle aime… », S'exclame-t-il. Malgré la fureur qui l'aveugle, Othello hésite encore à porter le coup fatal lorsqu'il contemple le doux visage de sa femme endormie. Cependant les propos de celle-ci, criant son innocence et invoquant encore, dans un ultime accès de bonté, le sort du pauvre Cassio achève de faire triompher la cruelle passion qui l'anime et le dévore. Le combat intérieur prend fin. Le Maure étouffe Desdémone après l'avoir couvert de baisers. C'est la jalousie qui triomphe. Le Maure a tué, mais il aime encore. Shakespeare montre ainsi dans cette tragédie que la puissance de la jalousie dépasse parfois celle de l'amour.

# ÉTUDE DU MOUVEMENT LITTÉRAIRE

*Othello* est une pièce répondant aux critères du théâtre baroque, généralement associé en Angleterre à l'époque élisabéthaine, et marqué par sa fascination pour le mouvement, la variété, l'instabilité.

Les spécialistes ne sont pas unanimes sur l'origine du mot baroque (il viendrait peut-être de l'adjectif espagnol « barucco » qui désigne en français une « perle de forme irrégulière »), ni même sur les limites du mouvement dans le temps. La notion de baroque est utilisée à partir du XIX$^e$ siècle pour qualifier certaines tendances artistiques, s'étendant approximativement de 1570 à 1670. Mais elle n'a été introduite dans l'histoire littéraire que récemment, vers 1920, ce qui a permis de redécouvrir des œuvres et des auteurs d'une période importante de la civilisation européenne. Plusieurs auteurs s'illustrent durant la période baroque, mais alors que les pièces de Shakespeare sont déjà bien connues, et que Caldéron invente en Espagne le « théâtre du monde » avec *La Vie est un songe* (1635), le théâtre cherche encore son identité en France. Il trouvera son apogée avec Corneille, dont le tempérament baroque se manifeste avec éclat dans *L'Illusion comique* (1636).

Le courant baroque n'est pas tellement une pensée. C'est surtout une vision du monde fondée sur le paraître, l'hyperbole, le spectaculaire. Diderot écrit dans l'*Encyclopédie* que « l'idée du baroque entraîne avec soi l'idée du ridicule poussé à l'excès. » Il semblait donc fait pour s'épanouir au théâtre et c'est Alexandre Hardy qui, en créant le genre de la pastorale dramatique, ouvre en France la voie au baroque par les décors champêtres, la galanterie, le merveilleux, le burlesque. La vogue de la tragi-comédie se rapproche encore de l'incertitude baroque par son irrégularité, ses contrastes, ses excès ; et quelques auteurs s'y essaient, comme Jean Mairet et Jean de Rotrou, avant de s'intéresser à la tragédie classique.

L'auteur baroque recherche l'originalité, la surprise. Il traite avec virtuosité le thème de l'inconstance, et se libère ainsi des contraintes et des règles issues de l'antiquité. Il ne respecte pas l'unité de temps et de lieu, et mêle généralement plusieurs genres dramatiques comme la pastorale, la tragi-comédie ou le ballet pour briser l'unité de ton et de style. Ainsi par opposition aux règles de l'art classique, l'esthétique baroque privilégie le mouvement, l'emphase, la surcharge du décor, l'outrance, le paroxysme des sentiments et des passions, la plénitude de la vie. Les pièces sont marquées par le sceau de la démesure.

Mais les auteurs évoluent vers le classicisme. Malherbe notamment, passe des *Larmes de Saint-Pierre* où le style se nourrit d'antithèses, de métaphores et d'hyperboles, à l'affirmation d'un ordre immuable. Malgré ce poème d'inspiration baroque, certains prétendent que Malherbe a toujours porté en lui les valeurs du classicisme. Il est donc difficile de tracer une frontière nette entre art baroque et art classique. Le baroque a détourné un instant les codes du classicisme, mais il n'a été qu'un élan juvénile, confus, finalement dominé par le rationalisme et la simplicité. Il reste cependant une composante essentielle de certaines œuvres classiques.

# DANS LA MÊME COLLECTION
## (par ordre alphabétique)

- **Anonyme**, *La Farce de Maître Pathelin*
- **Anouilh**, *Antigone*
- **Aragon**, *Aurélien*
- **Aragon**, *Le Paysan de Paris*
- **Austen**, *Raison et Sentiments*
- **Balzac**, *Illusions perdues*
- **Balzac**, *La Femme de trente ans*
- **Balzac**, *Le Colonel Chabert*
- **Balzac**, *Le Lys dans la vallée*
- **Balzac**, *Le Père Goriot*
- **Barbey d'Aurevilly**, *L'Ensorcelée*
- **Barbey d'Aurevilly**, *Les Diaboliques*
- **Bataille**, *Ma mère*
- **Baudelaire**, *Les Fleurs du Mal*
- **Baudelaire**, *Petits poèmes en prose*
- **Beaumarchais**, *Le Barbier de Séville*
- **Beaumarchais**, *Le Mariage de Figaro*
- **Beauvoir**, *Mémoires d'une jeune fille rangée*
- **Beckett**, *Fin de partie*
- **Brecht**, *La Noce*
- **Brecht**, *La Résistible ascension d'Arturo Ui*
- **Brecht**, *Mère Courage et ses enfants*
- **Breton**, *Nadja*
- **Brontë**, *Jane Eyre*
- **Camus**, *L'Étranger*
- **Carroll**, *Alice au pays des merveilles*
- **Céline**, *Mort à crédit*
- **Céline**, *Voyage au bout de la nuit*

- **Chateaubriand**, *Atala*
- **Chateaubriand**, *René*
- **Chrétien de Troyes**, *Perceval*
- **Cocteau**, *Les Enfants terribles*
- **Colette**, *Le Blé en herbe*
- **Corneille**, *Le Cid*
- **Crébillon fils**, *Les Égarements du cœur et de l'esprit*
- **Defoe**, *Robinson Crusoé*
- **Dickens**, *Oliver Twist*
- **Du Bellay**, *Les Regrets*
- **Dumas**, *Henri III et sa cour*
- **Duras**, *L'Amant*
- **Duras**, *La Pluie d'été*
- **Duras**, *Un barrage contre le Pacifique*
- **Flaubert**, *Bouvard et Pécuchet*
- **Flaubert**, *L'Éducation sentimentale*
- **Flaubert**, *Madame Bovary*
- **Flaubert**, *Salammbô*
- **Gary**, *La Vie devant soi*
- **Giraudoux**, *Électre*
- **Giraudoux**, *La Guerre de Troie n'aura pas lieu*
- **Gogol**, *Le Mariage*
- **Homère**, *L'Odyssée*
- **Hugo**, *Hernani*
- **Hugo**, *Les Misérables*
- **Hugo**, *Notre-Dame de Paris*
- **Huxley**, *Le Meilleur des mondes*
- **Jaccottet**, *À la lumière d'hiver*
- **James**, *Une vie à Londres*
- **Jarry**, *Ubu roi*
- **Kafka**, *La Métamorphose*
- **Kerouac**, *Sur la route*
- **Kessel**, *Le Lion*

- **La Fayette**, *La Princesse de Clèves*
- **Le Clézio**, *Mondo et autres histoires*
- **Levi**, *Si c'est un homme*
- **London**, *Croc-Blanc*
- **London**, *L'Appel de la forêt*
- **Maupassant**, *Boule de suif*
- **Maupassant**, *Le Horla*
- **Maupassant**, *Une vie*
- **Molière**, *Amphitryon*
- **Molière**, *Dom Juan*
- **Molière**, *L'Avare*
- **Molière**, *Le Malade imaginaire*
- **Molière**, *Le Tartuffe*
- **Molière**, *Les Fourberies de Scapin*
- **Musset**, *Les Caprices de Marianne*
- **Musset**, *Lorenzaccio*
- **Musset**, *On ne badine pas avec l'amour*
- **Perec**, *La Disparition*
- **Perec**, *Les Choses*
- **Perrault**, *Contes*
- **Prévert**, *Paroles*
- **Prévost**, *Manon Lescaut*
- **Proust**, *À l'ombre des jeunes filles en fleurs*
- **Proust**, *Albertine disparue*
- **Proust**, *Du côté de chez Swann*
- **Proust**, *Le Côté de Guermantes*
- **Proust**, *Le Temps retrouvé*
- **Proust**, *Sodome et Gomorrhe*
- **Proust**, *Un amour de Swann*
- **Queneau**, *Exercices de style*
- **Quignard**, *Tous les matins du monde*
- **Rabelais**, *Gargantua*
- **Rabelais**, *Pantagruel*

- **Racine**, *Andromaque*
- **Racine**, *Bérénice*
- **Racine**, *Britannicus*
- **Racine**, *Phèdre*
- **Renard**, *Poil de carotte*
- **Rimbaud**, *Une saison en enfer*
- **Sagan**, *Bonjour tristesse*
- **Saint-Exupéry**, *Le Petit Prince*
- **Sarraute**, *Enfance*
- **Sarraute**, *Tropismes*
- **Sartre**, *Huis clos*
- **Sartre**, *La Nausée*
- **Shakespeare**, *Hamlet*
- **Shakespeare**, *Macbeth*
- **Shakespeare**, *Roméo et Juliette*
- **Steinbeck**, *Les Raisins de la colère*
- **Stendhal**, *La Chartreuse de Parme*
- **Stendhal**, *Le Rouge et le Noir*
- **Verlaine**, *Romances sans paroles*
- **Verne**, *Une ville flottante*
- **Verne**, *Voyage au centre de la Terre*
- **Vian**, *J'irai cracher sur vos tombes*
- **Vian**, *L'Arrache-cœur*
- **Vian**, *L'Écume des jours*
- **Voltaire**, *Candide*
- **Voltaire**, *Micromégas*
- **Zola**, *Au Bonheur des Dames*
- **Zola**, *Germinal*
- **Zola**, *L'Argent*
- **Zola**, *L'Assommoir*
- **Zola**, *La Bête humaine*
- **Zola**, *Nana*
- **Zola**, *Pot-Bouille*

Lightning Source UK Ltd.
Milton Keynes UK
UKHW010644090123
415051UK00006B/585